Серия «Тайны вашего здоровья»

Г.М. Кибардин

ШУНГИТ
и его целебные свойства

2-е издание

Москва

Амрита-Русь

2010

УДК 615.89
ББК 53.59
К38

Кибардин Г.М.

К38   Шунгит и его целебные свойства / Г.М. Кибардин. — 2-е изд. — М. : Амрита, 2010. — 48 с. — (Серия «Тайны вашего здоровья»)

ISBN 978-5-413-00127-1

Шунгит лечит, спасает, очищает, оздоравливает, защищает, нормализует, восстанавливает и даже выращивает. Удивительная порода: всё, что вредит людям и живым существам, она убивает и поглощает, а всё, что полезно, — концентрирует и восстанавливает.

Учёные, исследовавшие шунгит, в один голос заявляют: это чудо!

Данная книга не является учебником по медицине; все рекомендации, приведенные в ней, следует использовать только после согласования с лечащим врачом.

УДК 615.89
ББК 53.59

Немного истории

Шунгит представляет собою древнюю углеродосодержащую породу с возрастом около 2 млрд. лет. Внешне эта порода похожа на каменный уголь, но залегает в очень древних пластах земной коры, сформировавшихся тогда, когда на Земле не было ничего живого. В научном мире существует несколько теорий, объясняющих происхождение шунгита.

Во-первых, есть предположение, что в мелководных заливах древнего моря жили примитивные микроскопические организмы. Морские отложения, насыщенные этими органическими остатками могли послужить тем основным материалом, из которого образовался шунгит.

Во-вторых, некоторые исследователи утверждают, что форма и структура шунгитовых тел имеет признаки и особенности вулканических веществ.

В-третьих, шунгит может быть частью гигантского метеорита, упавшего на землю и образовавшего в месте своего падения шунгитовое месторождение, эта версия начинает получать все больше подтверждений современных ученых.

Какая бы из этих теорий ни оказалась правильной, нельзя отрицать тот факт, что шунгит является поистине уникальной породой как с точки зрения структуры и химического состава, так и по своему целебному воздействию.

Одно из мощнейших месторождений шунгита на земле находится в Карелии. Незначительные месторождения шунгита обнаружены также в Красноярском крае, недалеко от города Абакан и в Казахстане. Однако эти месторождения значительно уступают по качеству карельскому шунгиту.

История целебных свойств шунгита уходит в глубь веков, в XVI век, когда прабабка Петра I, царица Ксения, сосланная Борисом Годуновым на побережье Онеги, на местном целебном источнике излечилась от бесплодия, благодаря чему смогла родить будущего монарха России — Михаила Романова. С тех пор источник, вытекающий на поверхность из-под черных глыб шунгита, стал называться Царев родник.

Местное население успешно лечится его водой, по меньшей мере, последние пятьсот лет. Особой славой пользуется свойство шунгитовой воды снимать похмелье, что, кстати, достаточно явно указывает на ее терапевтические свойства.

Весть о многочисленных случаях быстрого заживления ран, ожогов, избавления от аллергии, головных болей, болезней сердца и печени, ревматизма, цинги, водянки и еще многих недугов у тех людей, кто пользуется водой, очищенной шунгитом, постепенно разошлась по всей Руси.

Слава о чудесном источнике, его целебных свойствах и черном камне, дающем воде особую силу, дошло до Петра I. В 1713 году он дал указание на поиск лечебных вод вблизи своей новой столицы. И уже через год подходящие источники были найдены и проверены на заболевших солдатах, благо, недостатка в тяжелых больных и в те времена не было. Именно в этом месте Петр I повелел начать обустройство первого российского бальнеологического курорта, названного «Марциальные воды» в честь Марса — бога войны, поскольку лечились здесь наряду с другим населением, по личному приказу царя, раненые и больные воины.

Солдаты Петра I носили в заплечных ранцах шунгитовые камни, опуская их в котелки для обеззараживания питьевой воды и придания ей родниковой свежести.

По мнению современных медиков, последние десять лет своей жизни Петр I, страдавший, помимо эпилепсии, болезнью почек, сумел прожить только благодаря лечению на «Марциальных водах» и употреблению шунгитовой воды, доставлявшейся к его столу в Петербург.

Свое название — «шунгит» — камень получил по названию села Шуньга, где черные сланцы минерала в большом количестве выходят на поверхность земли. После Петра Великого «Марциальные воды» были надолго забыты по целому ряду причин. Во-первых, русские аристократы предпочитали лечиться и отдыхать не дома, а за рубежом, на курортах Франции, Швейцарии и Германии. Во-вторых, в курортологии того времени бытовало мнение о том, что действующим началом минеральных вод являются неорганические соли, причем, чем их больше, тем лучше. «Нет солей — нет лечебного эффекта», — считали ученые того времени.

Новое возрождение «Марциальных вод» состоялось во второй половине XX века. В 1950-х годах были проведены изыскательские работы и сделаны клинические пробы, полностью подтвердившие восторженные отзывы Петра I и его современников. Разведочное бурение показало, что «Марциальные воды» стоят на мощном пласте шунгита, через который и фильтруются воды местных целебных источников.

Последний мощный всплеск интереса к этому уникальному минералу произошел в 90-х годах прошлого века после обнаружения учеными в его составе фуллеренов.

Сегодня в окрестностях села Толвуй разрабатывается единственное в мире Зажогинское промышленное месторождение шунгита, из которого делаются все шунгитовые продукты — от магических шунгитовых пирамидок до шунгитовой крошки для фильтров и минерализованной шунгитовой воды.

В официальном справочнике о курорте под Петрозаводском, выпущенном в 1988 году, даны следующие «Показания для лечения больных на курорте «Марциальные воды»:

1. **Болезни костно-мышечной системы**. Артриты и полиартриты нетуберкулезного происхождения. Последствия перелома костей туловища и конечностей с замедленной консолидацией, остеомиелит гематогенный (кроме туберкулезного), не требующий хирургического вмешательства.

2. **Болезни органов пищеварения**. Хронический гастрит с секреторной недостаточностью, хронический холецистит, дискинезии желчных путей, последствия перенесенного острого гепатита.

3. **Болезни нервной системы**. Болезни периферических нервов: радикулиты, радикулоневриты, полирадику-

литы, люмбалгия, ишиас, плекситы, полиневриты лицевого, тройничного нервов, неврофибромиазит вне формы обострения.

4. Болезни мочеполовой системы. Хронические пиелонефриты (первичные и вторичные) нетуберкулезной этиологии, вне обострения и без почечной недостаточности.

5. Болезни уха, горла и носа. Хронические пиелонефриты, тонзиллиты, ларингиты, риниты, синуситы, отиты, отосклерозы, невриты слухового нерва.

6. Болезни органов дыхания нетуберкулезного характера. Хронические бронхиты в стадии ремиссии не ранее 2 месяцев после последнего обострения. Хронические пневмонии в фазе ремиссии с редкими приступами бронхиальной астмы. Остаточные явления острых пневмоний, сухого и экссудативного плеврита. Пневмосклерозы.

7. Болезни крови. Железодефицитная анемия после кровопотерь и операций. Парциозная анемия (Адиссона-Бирмера) в стадии клинической ремиссии.

8. Болезни системы кровообращения. Ревматический эндомиокардит. Пороки сердца без нарушения ритма и проводимости. Состояние после перенесенного инфекционно-аллергического миокардита. Ишемическая болезнь сердца. Кардиосклероз после перенесенного инфаркта миокарда давностью более года. Гипертоническая болезнь. Гипотоническая болезнь. Облитерирующий атеросклероз сосудов конечностей при отсутствии трофических расстройств.

Таким широким диапазоном лечебного действия не обладает ни один минеральный источник на Земле. По мнению ученых, все дело в химическом составе шунгита и в наличии в нем *молекул* фуллерена.

Состав шунгита

Шунгит является минералом, который содержит едва ли не всю периодическую таблицу элементов, но основой его является углерод. Химический состав шунгита непостоянен: в среднем содержит 60–70% углерода и

30–40% золы. В золе содержится: 35–50% окиси кремния, 10–25% окиси алюминия, 4–6% окиси калия, 1–5% окиси натрия, 1–4% окиси титана, а также примеси других элементов. Шунгит встречается в сплошных массах черного (с сильным блеском) или графитного серого цвета с раковистым или мелкозернистым изломом. Твердость — по Моосу — 3–4, удельный вес — 1, 8–2 г/кв. см (что указывает на значительную пористость). Шунгит представляет собой органическое вещество, концентрировавшееся в древних (допалеозойских) кремнисто-глинистых и карбонатных осадках, впоследствии превращенных процессами метаморфизма в кремнистые сланцы и доломиты.

Карельским залежам минерала шунгит аналога нет — как по целебным качествам, так и по многообразию свойств. Шунгит лечит, очищает, защищает, нормализует, восстанавливает. Удивительная порода этот шунгит. Все, что вредит людям и живым существам он нейтрализует и поглощает, а все, что полезно, — концентрирует и восстанавливает. Ученые, исследующие шунгит, в один голос заявляют: это просто чудо природы!

Углерод и его соединения занимают в природе особое положение не только на Земле, но и в Космосе. Углерод находится в 4-й группе 2-го периода Периодической таблицы Менделеева. Являясь единственным элементом, у которого валентность и координационное число совпадают, этот элемент обладает способностью давать соединения практически с любым числом атомов в цепи в любом сочетании. Углерод является структурной единицей огромного числа органических соединений, как природных, так и синтетических. Соединения углерода мы встречаем везде: в земной коре (уголь, нефть, природный газ и т.п.), в атмосфере, в цветах, деревьях, любом живом существе (энергия, необходимая организмам, образуется в клетках за счет окисления углерода).

Современные ученые рассматривают возникновение жизни на Земле как сложный процесс эволюции углеродистых соединений и считают, что эти соединения могут служить носителем жизни в любом участке Вселенной. До недавнего времени науке были известны три кристаллические модификации углерода: алмаз, графит и карбин (последний получен искусственно).

Алмаз — супертвердое кристаллическое вещество. Графит — супермягкая жирная масса. Это две крайности, которые продолжительное время волновали и привлекали к себе ученых всех стран. Российским химикам и физикам удалось расслоить мягкую крайность — графит и получить из него материал, который режет алмаз как масло. Так появились на практике фуллерены, о которых сейчас говорит вся планета. **Фуллерены — это особая, новая форма существования углерода.** Структура молекулы фуллерена напоминает покрышку футбольного мяча и представляет собой полые ионы углерода. Открытие новой формы существования углерода объявлено сенсацией XX века, а новые материалы, полученные из этой формы, — материалами XXI века!

Откуда фуллерены появились в шунгите, пока объяснить никто не может. В шунгите углерод распределен равномерно в виде комочков, или глобул. Размер глобул от 100 до 500 А. С поверхности обломков раздробленной породы глобулы углерода легко выходят в окружающую воду, чем и обусловливают лечебные свойства воды.

Шунгит содержит в себе практически всю таблицу Менделеева. Однако потрясающей особенностью шунгита является то, что в воду из него выходит только то, что необходимо и полезно живому организму. Ученые полагают, что именно в шунгитовой воде могла возникнуть жизнь, поскольку его природные структуры и комплексы близки к ферментам, присутствующим во всех живых клетках, и даже к гемоглобину крови.

Молекулы фуллерена в шунгите

По расчетам ученых, фуллерены (пустотелые углеродные «мячики» из 60 и более атомов) вполне стабильны, но никто не знал ранее, как их получить и где искать. Со временем астрономы обнаружили заранее предсказанные характерные спектральные линии фуллеренов в космосе — в атмосферах углеродных звезд. Позднее на Земле удалось их получить в пламени электрической дуги. Но до 1992 года фуллерены получали только в лабораториях научных центров мира в мизерных количествах.

Земные *молекулы* фуллерена были открыты в изобилии в Карельском шунгите в 1985 году. Фуллерены это третья после алмаза и графита форма углерода в виде абсолютно симметричных полых шаров из 60 или 70 углеродных атомов. В водорастворимой части шунгита содержится около 1% фуллеренов.

Позднее земные фуллерены были найдены в Канаде, Австралии и Мексике. Причем, во всех случаях они обнаруживались на местах падения метеоритов. Кратер от падения канадского метеорита образовался около двух миллиардов лет назад, что совпадает со временем появления Карельского шунгита. Возраст других кратеров оценивается в 250 миллионов лет. Некоторые фуллерены, найденные в Канаде, Австралии и Мексике были заполнены, внутри их оболочек находились атомы редкого для Земли изотопа гелий-3. Обычно в земных породах присутствуют изотопы гелий-4. По мнению ученых, фуллерены с изотопами гелий-3 могли образоваться только в космических условиях, в так называемых углеродных звездах или в ближайшем их окружении. Это утверждение косвенным образом подтверждает тот факт, что Карельский шунгит является частью гигантского метеорита, упавшего на Землю около 2 миллиардов лет назад.

Происхождение термина «фуллерен» связано с именем Бакминстера Фуллера, который сконструировал Главный павильон на всемирной выставке ЭКСПО-67 в Сокольниках. Каркас этого здания представлял собой гигантскую металлическую полусферу, составленную из шестигранников. Всю жизнь Бакминстер Фуллер искал естественную гармонию между природой и архитектурой, создав, по сути, новую науку — синергетику. Синергетику использовали и физики, и химики, и биологи, и экологи. Умер Фуллер за два года до того, как была найдена новая молекула углерода, названная в его честь, поскольку фуллерен, как уже упоминалось выше, имеет строение сферы, состоящей из пяти- и шестигранников.

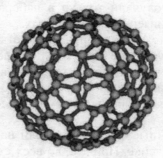

Молекула фуллерена

Самое интересное в фуллеренах не в их форме, а в содержании. В пустоту в середине молекулы фуллерена можно теоретически поместить все, что угодно, — от газов до фрагментов генетического кода. Этим сегодня и занимаются физики, химики и биологи ведущих стран мира.

Физики используют фуллерены для создания органических солнечных батарей, химических лазеров и «молекулярных компьютеров», а также материалов с высокотемпературной сверхпроводимостью.

Химики используют фуллерены в качестве нового типа катализаторов и адсорбентов, обещающих самые радужные перспективы.

Биологи и фармакологи используют шары фуллерена для доставки внутрь клетки и размещения на поверхности клеточных мембран самых различных веществ, включая антибиотики, витамины и гормоны, в том числе фрагменты генетического кода при создании трансгенных животных и растений. Одним словом, «фаршированные» фуллерены, включив в свою внутреннюю полость другие молекулы, приобретают совершенно новые свойства!

Самым удивительным является то, что фуллерен по своей природе не токсичен, не подавляет здоровые клет-

ки, а наоборот, помогает работать всем биологическим структурам организма. Целебные свойства фуллерена в воде резко усиливаются. Ученые установили, что фуллерен является самым мощным и длительно действующим антиоксидантом. Благодаря этому созданные на основе фуллерена препараты помогают лечить самые разнообразные воспалительные, вирусные, аллергические и другие заболевания: астму, грипп, бесплодие, ожоги, язвы, которые часто трудно поддаются стандартной терапии. В экспериментах над животными выяснилось, что фуллерен способен препятствовать возникновению и развитию атеросклероза. В настоящее время ведутся исследования по открытию способов использования фуллеренов для предотвращения развития раковых клеток.

Для минерала шунгита важно не только наличие в нем фуллеренов, но и «начинка» фуллереновых молекул, определяющая их биологические свойства. В состав шунгита входит самая разнообразная смесь сложных органических веществ, составляющая 97–99% водорастворимой органики шунгита, которая выходит в водный раствор вместе с фуллеренами и определяет их свойства.

Свойства загадочного камня — шунгита до конца еще не открыты. Можно сказать, что наука сделала лишь первые шаги в познании этого удивительного минерала. Целительные возможности шунгита не изучены даже наполовину. Сенсационное открытие в составе этой органической компоненты шунгита фуллеренов — только начало. Самые интересные открытия еще впереди.

Наши далекие предки, в течение многих поколений открывавшие целебные свойства трав, источников и камней, не имели никакого представления о фармакологии, биохимии и таблице Менделеева. Многие интуитивные открытия далекого прошлого, не признанные ранее основоположниками научной медицины, сегодня заново пересматриваются наукой на новой стадии ее развития. Так было с йогой, с магнитотерапией и иглоукалыванием, так происходило с похожим минералом — сложной смесью биоактивной органики — мумиё. Шунгит также имеет сложный органоминеральный комплекс, не имеющий ярко выраженного действующего начала и примерно так же — от использования лечебного метода к его объяснению и официальному признанию — развивается история медицинского и оздоровительного применения шунгита.

В Карелии, на родине шунгита, изучением целебных свойств минерала и его практическим использованием в целях оздоровления, занимается Научно-производственное предприятие «Карелия-Шунгит». Серьезным изучением загадочного минерала занимаются ученые в МГУ, в НИИ новых медицинских технологий Тульского государственного университета, в Институте Иммунологии, Институте Терапии АМН Украины, Институте биохимической физики имени Семенова и в других научных центрах мирового уровня.

Лечебные свойства фуллеренов

Ученые доказали, что фундаментальные свойства фуллеренов проявляются как на уровне клетки, так и на уровне всего организма человека. *Какими же лечебными свойствами обладают фуллерены?*

В первую очередь это наиболее мощные из известных антиоксидантов, подавляющие процессы перекисного и свободнорадикального окисления. *Антиоксиданты* — это вещества (в большинстве своем — витамины), которые очищают организм от повреждающих молекул, называемых свободными радикалами. Эти молекулы постоянно образуются в организме человека в результате многочисленных окислительно-восстановительных процессов, направленных на поддержание нормального функционирования всех органов и систем. В естественных условиях количество свободных радикалов мало, и их патологическое действие на клетки организма полностью подавляется поступлением извне антиоксидантов (при потреблении человеком пищи, содержащей эти вещества).

Когда же организм подвергается действию экстремальных факторов (радиация, яды и т.п.), происходит образование слишком большого количества повреждающих молекул, и в таком случае организму требуется большее количество антиоксидантов. Доказано, что именно образование большого количества свободных радикалов является начальной стадией многих заболеваний от простого кашля до рака.

В состав любой живой клетки обязательно входят антиоксиданты — аскорбиновая кислота, токоферолы — витамин Е, каротины и ряд других, недостаток которых у человека приводит к тяжелым нарушениям типа цинги, а некоторый их избыток значительно укрепляет иммунную и репродуктивную системы, ускоряет заживление и регенерацию тканей. Именно в этом и заключаются фармакологические свойства витаминов С и Е, каротинов и содержащих их препаратов — облепихового масла, масла зародышей пшеницы. Иными словами, свободные радикалы — это универсальное разрушительное начало, квинтэссенция болезни, ответственная за старение, воспаление, онкологию, генетические нарушения.

Антиоксиданты — это универсальное защитное, жизнетворное начало. Повышение содержания антиоксидантов в теле человека может иметь решающее значение для увеличения продолжительности жизни, считают американские ученые. Благодаря антиоксидантам люди могли бы жить 100 лет и более. Ученые пришли к выводу, что среди антиоксидантов, известных к настоящему моменту, фуллерены, точнее, их водные растворы, являются самыми мощными. Фуллерены обладают способностью снижать концентрацию свободных радикалов, перекисных соединений и других активных форм кислорода, никак не тормозя обычный обмен веществ в клетках организма человека, так же, как и другие антиоксиданты. Однако, фуллерены качественно превосходят все другие антиоксиданты по силе и продолжительности действия. Фуллерены как антиоксиданты в сотни и тысячи раз эффективнее, чем те же витамины С и Е благодаря другому механизму действия. Классические антиоксиданты — это восстановители: встретив свободный радикал, молекула гибнет, модифицируется, образуя с ним безвредное соединение. На нейтрализацию одного радикала идет одна молекула антиоксиданта. А фуллерены — это катализаторы. Фуллереновый шарик имеет свойство собирать на своей поверхности свободные радикалы, которые довольно прочно «прилипают» к нему, встречаясь на его поверхности, и рекомбинируют, соединяясь друг с другом, — а фуллерен остается сам собой. Благодаря этому, фуллерен ускоряет рекомбинацию свободных радикалов в сотни и тысячи раз. Они действуют даже в сверхмалых дозах: сотые и тысячные доли процента фуллерена действуют так же эффективно, как в десятки раз большие дозы других антиоксидантов, а их действие даже после однократного введения в организм длится месяцами.

Другое биологическое свойство фуллерена — антитоксическое действие, способность ускорять обезвреживание ядов и токсинов самой разной природы. Сами по себе фуллерены очень инертны и, как следствие, малотоксичны. Они выводятся через почки в неизменном виде, и достаточно медленно. Фуллерены накапливаются в печени, являясь при этом активными гепатопротекторами — то есть препаратами, защищающими печень от токсических воздействий и ускоряющими нейтрализацию токсинов. Внутренние токсины, возникающие при ожогах и других некротических процессах, имеют свободнорадикальную природу. Поэтому все закономерности действия фуллеренов сохраняются и тут. Интоксикация снижается, заживление ускоряется.

Еще одно свойство фуллеренов: они нормализуют клеточный обмен веществ, усиливают активность ферментов и повышают устойчивость клетки, включая ее генетический аппарат, к внешним воздействиям, от нагрева до вирусного заражения. Повышается регенеративная способность тканей. В присутствии фуллеренов температура денатурации белка повышается на 5–10°, что, по меркам биологии, исключительно много. Например, нормальную температуру тела 36,5° отделяют от порога тепловой смерти — около 42° — те же 5°. Таким образом, резкое повышение устойчивости биомолекул к перегреву в присутствии фуллеренов повышает тепловую устойчивость всего организма. Так что прием фуллеренов, в числе прочего, может повысить шансы на выживание человека в пустыне.

Фуллерены нормализуют нервные процессы, влияя на обмен нейромедиаторов, повышая работоспособность и устойчивость к стрессу.

Фуллерены имеют выраженное противовоспалительное и антигистаминное действие, благодаря чему снимают боли, подавляют широкий круг аллергических заболеваний и повышают иммунитет.

Свойства шунгита

Шунгит Зажогинского месторождения, состоящий из 30% шунгитового углерода и 68% силикатов, представляет собой природный наноструктурированный композит. Природная наноструктура такой породы определяет ее специфические свойства: сорбционные, каталитические, восстановительные (антиоксидантные), способность к саморегенерации.

Шунгит как сорбент имеет ряд положительных характеристик:

- высокая механическая прочность и малая истираемость;
- высокая фильтрующая способность (технологичность, характеризуемая малым сопротивлением напору);
- способность к сорбции многих веществ как органических (нефтепродуктов, бензола, фенола, пестицидов и др.), так и минеральных (железо, марганец, фосфор, мышьяк).

Шунгит способен чистить воду от нефтепродуктов до ПДК сброса воды в рыбохозяйственные водоемы. Этот эффект используется в шунгитовых фильтрах, установленных на МКАД и новых автотрассах.

Шунгит — плотный материал с низкой пористостью, внутренней поверхностью, значительно уступающей активированному углю. По данным работ, выполненных в ВИМСе и Химико-технологическом университете им. Менделеева, шунгитовый сорбент проигрывает активированному углю на первом этапе, в течение первых 250 часов, а в дальнейшем начинает очищать раствор с более высокой и постоянной скоростью. Это объясняется каталитическими свойствами шунгита, способностью каталитически окислять сорбируемые органические вещества.

Шунгит как сильный восстановитель поглощает кислород из воды. В процессе химического взаимодействия с этим кислородом образуется атомарный кислород, являющийся сильнейшим окислителем и окисляющий сорбированные органические вещества до CO_2 и H_2O и освобождающий поверхность шунгита для новых актов сорбции.

Длительное действие шунгита по отношению к растворенным металлам объясняется тем, что металлы переводятся шунгитом в форму нерастворимых карбонатов. Этому способствует процесс окисления органических веществ до CO_2.

Способность шунгита поглощать кислород, активно с ним взаимодействовать при комнатных температурах в воде и на воздухе имеет многочисленные практические подтверждения.

В воде санатория «Марциальные воды», выходящей из шунгитовых толщ, нет кислорода. Благодаря этому железо, присутствующее в воде в высоких концентрациях, находится в двухвалентной растворимой форме. При выходе на поверхность и последующем контакте с воздухом железо окисляется и выпадает в осадок в виде охры. Это явление полностью моделируется в искусственных условиях. В сосуде с шунгитом и водой железо выделяется на стенке сосуда только выше слоя шунгита. Непосредственно из воды слоя шунгитовой засыпки железо не выпадает. Очевидно, что шунгит поглощает растворенный кислород активнее, чем железо.

И.О. Крылов и А.В. Крылова приводят сведения о разложении на поверхности шунгита сорбируемых нефтепродуктов при комнатной температуре. Концентрация нефтепродуктов на шунгите после хранения в течение 4-х месяцев снизилась на 77,0–99,7% в зависимости от исходной концентрации. «Саморегенерация» шунгитов, по-видимому, является следствием каталитического окисления нефтепродуктов.

Высокие восстановительные, антиоксидантные свойства шунгита проявляются не только по отношению к кислороду. Исследования антиоксидатных свойств шунгита по отношению к хлорорганическим соединениям и свободным радикалам, выполненные в Московском университете и Военно-Медицинской Академии показали, что шунгит выводит свободные радикалы из воды в 30 раз лучше, чем активированный уголь. Это исключительно важное обстоятельство, потому что свободные радикалы, образующиеся при обработке воды хлором, оказывают крайне негативное влияние на организм человека и являются причиной многих серьезных заболеваний (сердечно-сосудистых, онкологических, а также диабета, патологий старения, атеросклероза). Регулярное потребление свободнорадикальных частиц с питьевой водой истощает биохимические механизмы организма и способствует развитию разнообразных патологий. Одним из направлений решения проблемы антиоксидантной защиты населения является поиск природных антиоксидантов, и шунгит является эффективным природным антиоксидантом.

Исключительные антиоксидантные свойства шунгита являются предметом рассмотрения и использования этого материала в различных системах подготовки питьевой воды с целью улучшения ее качественных характеристик в направлении придания воде оздоровительных свойств.

Спектр оздоровительных свойств шунгита достаточно широк. Во-первых, шунгитовые воды издавна использовались для лечения кожных заболеваний. На территории Заонежского полуострова в Онежском озере есть источник «Три Ивана», который местное население чтит святым и лечиться к которому ездят из других регионов, несмотря на его труднодоступность.

Искусственные настои на шунгите лечат заболевания кожи. В тульском НИИ «Новые медицинские технологии» выполнены исследования, показавшие, что шунгитовые препараты ускоряют обновление клеток и эпитализацию, обогащают клетки необходимыми питательными элементами, стимулируют циркуляцию крови и регенерацию клеток кожи, осуществляют купирование раздражения. Шунгитовые препараты обладают бактерицидным эффектом, снимают зуд, оказывают обезболивающее действие.

При использовании шунгитовых препаратов в корме поросят отмечен эффект полного излечения их от диареи.

Применение шунгита в корме песцов, по данным Института биологии Карельского научного центра РАН, увеличило массу песцов, улучшило качество меха, способствовало сохранности щенков в помете и увеличило поголовье.

Введение шунгита в рацион цыплят-бройлеров выявило его способность компенсировать негативное влияние некачественных, зараженных микотоксинами кормов на рост птицы.

Шунгит рекомендован ВНИИТИ птицеводства птицефабрикам страны в качестве минеральной добавки для профилактики хронических микотоксикозов и стимуляции роста птицы.

Отмеченные свойства шунгита открывают возможности использования его в медицине (в частности, в дерматологии, стоматологии, гинекологии), в ветеринарии, животноводстве, птицеводстве.

Шунгит Зажогинского месторождения является электропроводным минералом. Это свойство шунгита явилось базой для создания на его основе широкого класса электропроводных строительных материалов, обладающих радиоэкранирующими и радиопоглощающими свойствами.

Шунгитовые радиоэкранирующие материалы прошли всестороннее опробование на промышленных объектах для защиты электронной информации и показали себя надежными, долговечными, экологически чистыми и более безопасными, чем металлические экраны. Тема защиты от электромагнитного смога становится сегодня все более актуальной. Это обуславливает приход в быт и хозяйственную практику электронной бытовой техники, средств связи, понимание вредного влияния на здоровье солнечных бурь и геопатогенных зон. Шунгиты способны к экранирующему взаимодействию с электромагнитными полями различной природы. Шунгиты обеспечивают защиту человека от вредного влияния этих излучений. Помещения, экранированные шунгитовыми материалами, снижают уровень облучения человека искусственными и природными источниками в сотни раз и создают условия для комфортного пребывания в них человека и восстановления здоровья. В Тульском НИИ «Новые медицинские технологии» показано, что наличие шунгитовых материалов вблизи источника излучений частот сотовой связи существенно ослабляет их влияние на организм.

В последние годы разработан ряд новых материалов на основе шунгита для защиты от электромагнитных излучений помещений и для индивидуальной защиты человека.

Экологический потенциал шунгита весьма широк. Он реализуется в процессах очистки воды и воздуха, защиты человека от электромагнитных излучений различной природы, повышения иммунных характеристик человека и животных, в лечебных свойствах по отношению к широкому ряду заболеваний. В конкретных практических выражениях это находит применение в фильтрах по подготовке питьевой воды и очистке стоков, в создании радиозащитных материалов и устройств, в лечебно-восстановительных центрах, в сельском хозяйстве.

Шунгит также показал, что непосредственные контакты с телом человека обеспечивают снятие боли и избавление от ряда серьезных заболеваний, особенно опорно-двигательного аппарата, любых кожных заболеваний, способствует быстрому заживлению порезов и т.д. Способность шунгита снимать боли при непосредственном контакте и даже через какой-либо материал, позволяет делать накладки для спины, поясницы, наколенники и т.д., для людей, страдающих болезнями опорно-двигательного аппарата.

Полезно использования ковриков, в которые включен шунгит, особенно для людей, страдающих плоскостопием, варикозным расширением вен — перед сном как массаж стоп. На таком коврике можно сидеть — улучшается кровообращение в застроенной зоне. Шунгитовый коврик спасает от многих неприятных заболеваний, а также служит хорошей профилактикой простатита и геморроя.

Положительные свойства шунгита находят все большее подтверждение и расширяются области его применения. Разнообразные шунгитовые составы успешно используются в медицине при лечении болезней опорно-двигательного аппарата, заболеваний ЛОР-органов и желудочно-кишечного тракта. Имеется большое количество сообщений о перспективности использования мазей, кремов, паст на основе шунгита, которые обладают противовоспалительным эффектом; для лечения дерматологических заболеваний. Получены положительные результаты при назначении препаратов на основе шунгита в комплексе с другими лечебными факторами.

Исследования показывают, что включение шунгита в малых количествах в имплантаты, которые сейчас изготавливают из титана, керамики и из пластмассы, позволяет этим имплантам легче приживаться в организме.

Под воздействием шунгита быстрее затягиваются любые раны, в том числе и послеоперационные.

Сегодня ведутся исследования с целью выявления эффективности применения шунгита для профилактики онкологических заболеваний.

Удивительные свойства шунгита, известные людям сегодня — это лишь часть того, что заложено природой в этот минерал. При грамотном отношении к шунгиту становится возможным открыть путь к здоровью и творческому долголетию.

Чем больше человечество присматривается и прислушивается к шунгиту, тем больше находит в нем новых лечебных граней. Человечеству еще предстоит понять, что шунгит представляет собою особую ценность для здоровья людей.

Шунгитовые комнаты

Шунгит оказался универсальным в одном очень интересном направлении: он почти зеркально отражает магнитные излучения, особенно техногенного происхождения. Последние годы, даже десятилетия, нарастает нагрузка техногенных излучений на человека. Это и световые, и силовые кабели, это компьютеры, телевизоры, СВЧ-печи, а особенно мобильные телефоны, которые непосредственно подносятся к голове. Шунгит и здесь показал себя исключительным минералом. Например, если к металлическому листу приложить подковообразный магнит — они слипнутся. Внутреннее магнитное поле, которое наводится внешним в этом листе, совпадает по направлению с внешним. А в шунгите внутреннее магнитное поле наводится в противоположном направлении, и поэтому внешнее и внутреннее локализуют друг друга.

Геомагнетика (способность шунгита отражать магнитные волны) дала основание тому, что в Петербурге, в 1996 году, в Военно-медицинской Академии была построена первая в России шунгитовая комната, где стены, потолок и пол были выполнены с большим количеством шунгита. В настоящее время эта комната очень успешно эксплуатируется. В ней за это время побывало большое множество пациентов, у всех сократились сроки излечения от разных болезней, порой очень серьезных — сахарный диабет, патология дыхательных путей, бессонница, раздражительность.

Аналогичная шунгитовая комната была открыта в Беслане в конце августа 2006 года в новой школе, расположенной в 150 метрах от старой, сгоревшей. В шунгитовой комнате в Беслане стены, потолок и пол выложены натуральным шунгитом, или штукатуркой, содержащей этот шунгит. Обвальный интерес к этой комнате проявляют и дети и взрослые. Дети Беслана стали улыбаться после нескольких сеансов в шунгитовой комнате. На рисунках у детей появились солнце и цветы!

Шунгит в чистом виде применен в качестве вставок в полу Казанского собора.

В Исаакиевском соборе весь внутренний нижний пояс выполнен из шунгита.

Шунгитовая комната есть в Петрозаводске, в санатории «Белые ключи».

Шунгитовая комната есть и в Саратове.

После посещения шунгитовых комнат пациенты пишут такие отзывы: «Я полюбила жизнь, я стала нравиться самой себе, стала одеваться, ходить в театр, пропали напряженные отношения в семье и на работе»; «Мы отказались от курения»; «Удалось прервать зависимость от алкоголя»; «Не испытываю больше нужды в потреблении снотворного».

Шунгитовая комната способствует гармонизации энергетического биополя человека.

Больничные палаты с магнезиально-шунгитовым покрытием

Новым направлением использования шунгита является применение строительных материалов на его основе для отделки помещений в лечебно-профилактических учреждениях.

Магнезиально-шунгитовые строительные композиции штукатурка «Альфапол ШТ-1» и напольная смесь «Альфапол АБШ» были использованы для отделки палаты в клинике госпитальной терапии Военно-медицинской академии. Эти материалы имеют патент РФ на изобретение № 2233255, прошли санитарно-эпидемиологическую экспертизу, получили санитарно-эпидемиологическое заключение и рекомендованы к применению в помещениях с повышенными санитарно-гигиеническими требованиями, в т.ч. в лечебно-профилактических учреждениях. Магнезиально-шунгитовые смеси не выделяют токсических веществ, не содержат портландцемента, обладают высокой износостойкостью, не пылящиеся и негорючие, нейтрализуют аномалии геологических неоднородностей в зонах разломов. Помещения с отделкой этими материалами представляют собой уникальную микроэкологическую зону, благодаря отсутствию магнитных свойств, экранированию от электромагнитных излучений, «коррекции» геомагнитных аномалий.

Результаты психофизиологических исследований свидетельствуют, что пребывание в «магнезиально-шунгитовой» палате оказывает благоприятное влияние на общее состояние и эмоциональный статус пациентов. В целом выявлено положительное влияние магнезиально-шунгитовых строительных материалов на состояние функций центральной нервной системы пациентов.

По всем шкалам теста оценки качества жизни также наблюдаются достоверные улучшения (шкалы ролевого и эмоционального функционирования, боли, энергии, сна и т.д.).

Предварительный расчет экономических показателей свидетельствует, что при лечении в условиях палаты с магнезиально — шунгитовым покрытием, стоимость лечения одного больного может быть снижена на 3–4 тыс. рублей, а общий экономический эффект круглогодично функционирующей четырехместной палаты может достигать 0,5 млн. руб. Это позволит оказывать квалифицированную медицинскую помощь дополнительно 20–25 нуждающимся больным. Палаты с магнезиально-шунгитовым покрытием обладают неоспоримым преимуществом в достижении общего терапевтического улучшения состояния кардиологических больных и достижения ремиссии и рекомендованы для внедрения в широкую практику кардиологических и кардиореанимационных отделений лечебных учреждений России.

Очистка воды шунгитом

Для лучшего понимания процесса очистки воды с помощью шунгита рассмотрим по отдельности три взаимосвязанных этапа этого процесса: структурирование питьевой воды, очистка воды от тяжелых металлов и очистка воды на коммунальных водопроводных станциях.

Структурирование питьевой воды

Способность шунгита очищать воду удивительна. Установлено, что вода, налитая на шунгит, меняет свою структуру, приближаясь к структуре талой воды. Своего рода сенсацией несколько десятилетий назад стало открытие в шунгите особого молекулярного образования — глобулы — С60, фуллерена. Фуллерены переходят в воду, и с водой попадают в организм. Именно они меняют структуру воды. А попадая в организм, они ведут себя как мощнейший и наиболее долго действующий антиоксидант — средство борьбы со свободными радикалами — атомами кислорода, у которых не хватает одного электрона.

Онежское озеро считается одним из самых чистых пресных водоемов в мире по той причине, что его вода постоянно проходит естественную очистку шунгитовыми породами. Всемирно известные своими целебными свойствами источники Марциальной воды тоже проходят сквозь шунгитовые слои Земли. Шунгит не только идеально очищает воду, но и структурирует ее, предавая целебные свойства. Шунгит является прекрасным адсорбентом (поглотителем) широкого спектра действия, в том числе биологических токсинов, пестицидов, тяжелых металлов и радионуклидов. Шунгит поглощает примеси из воды, биологических жидкостей, неводных растворителей (спиртов, масел, в том числе пищевых), а также газов (в том числе воздуха). Взаимодействуя с водой, шунгит позволяет излечить многие заболевания человека.

Целебные свойства шунгита просто поразительны. Исследуя эти свойства, ученые объясняют их следующим образом. При растворении фуллерена в воде, вокруг каждого шара образуется многослойная оболочка из правильно расположенных молекул воды, примерно в десять молекулярных слоев. Эта водяная, иначе говоря, гидратная оболочка молекулы фуллерена и есть структурированная вода.

Сколько воды может структурировать фуллерен? Поскольку диаметр гидратной оболочки десятикратно превышает поперечник углеродной сферы, ее объем, а, соответственно, и масса структурированной фуллереном воды будет пропорциональна кубу линейного размера и превысит массу фуллерена примерно в тысячу раз. Таким образом, каждый фуллерен структурирует массу воды, превышающую его массу в сотни раз. По своим свойствам структурированная вода, окружающая молекулу фуллерена, существенно отличается от обычной: она замерзает не при 0, а при — 2,8°. Такая же водная оболочка с пониженной температурой плавления образуется вокруг молекул ДНК.

Сегодня биохимики все больше убеждаются в том, что физиологическое состояние клеточных структур во многом зависит от состояния водной оболочки биомолекул. То есть фуллерены, структурируя воду, стабилизируют и защищают окружающие биомолекулы, что также подтверждено экспериментально.

Очистка воды от тяжелых металлов

Общеизвестно, что главным источником загрязнения окружающей среды тяжелыми металлами является деятельность человека. Сегодня в наиболее населенных промышленных районах мира концентрация тяжелых элементов в водных источниках превышает безопасную в десятки раз. Сложилась парадоксальная ситуация, когда пресной воды достаточно, но пить ее не рекомендуется.

Опасность перенасыщения организма тяжелыми металлами заключается в том, что в отличие, скажем, от витаминов, излишки которых просто сжигаются организмом, ионы тяжелых металлов склонны к накоплению и выводятся из организма с большим трудом. «Лишние» атомы микроэлементов, гуляя по организму, норовят встроиться в структуру «чужих» ферментов (например, кадмий вместо цинка) и блокируют их работу. При этом нарушается работа тонких механизмов обмена веществ — тканевое дыхание, переработка токсинов, деление и рост клеток.

При этом тяжелые металлы накапливаются именно в тех органах, которым они особенно нужны в микродозах. Организм человека, «не зная» об избыточной концентрации металлов в современной окружающей среде, автоматически концентрирует их в тех органах и тканях, где они нужны как микроэлементы. Так, отравление селеном, который как микроэлемент входит в состав зрительного фермента — родопсина — приводит к слепоте, а радиоактивный йод избирательно накапливается в щитовидной железе и ведет к ее раковому перерождению.

Выполняя особую биохимическую роль в составе ферментов, тяжелые металлы абсолютно необходимы организму — но только в микроскопических количествах. Оптимальная физиология организма — а это и есть искомые здоровье и долголетие — требует, чтобы внутренняя среда организма содержала микроэлементы в достаточно узких рамках. Полезные микроэлементы и тяжелые металлы — это одни и те же вещества, достаточно условно разделенные границей предельно допустимой концентрации.

Поэтому питьевой воде мало быть и просто чистой. Просто очищенная от солей вода — это вода «мертвая», а людям нужна вода «живая». То есть, питьевая вода должна иметь оптимальный микроэлементный состав. Потребляющие чистую, но «мертвую», лишенную микроэлементов талую ледниковую воду, горные народы особо ценили минеральные подземные источники, называя их не иначе, как «кровью земли» и справедливо считая источником силы и здоровья. Микроминеральный голод, связанный с употреблением бессолевой ледниковой воды, те же народы Кавказа предупреждали регулярным употреблением сухого вина, впитавшего богатый и сбалансированный минеральный фон горной почвы. Кстати, именно богатый «микроэлементный букет» местных вин геронтологи считают одним из секретов кавказского долгожительства.

В отличие от горцев кавказских, швейцарские горцы, минеральной воды и сухого вина не пившие, долгожительством не отличались. Более того, именно швейцарцы чаще других европейцев болеют эндемическим зобом — болезнью щитовидной железы, связанной с нехваткой йода.

Пытаясь найти способ решения проблемы питьевой воды, многие фирмы предлагают сложные конструкции бытовых фильтров, очистных установок и промышленного оборудования по очистке питьевой воды, делая упор на получение химически чистой воды — за счет фильтрации через активированный уголь, обессоливания с помощью ионообменных смол, а также вымораживания, дистилляции и даже обратного осмоса.

Принимая во внимание проблему нормализации микроминерального состава прошедшей очистку воды, а также опасаясь потерять влияние на экономическом рынке, фирмы-производители таких фильтров доводят воду до питьевого качества, дополнительно минерализуя специальным солевым концентратом, имитирующим микроминеральный состав родниковой воды.

В отличие от фильтров искусственных, для естественных минеральных фильтров на основе шунгита характерна уникальная природная способность корректировать микроэлементный состав воды. Эта удивительная способность шунгита одни соли поглощать, а другие — выделять в раствор, поддерживая оптимальный микроминеральный состав воды, связана с их ионообменными свойствами.

Шунгит — это своего рода химическая губка, которая «заряжена» микроэлементами в их природном соотношении еще в глубине земли. Подчиняясь законам химического равновесия, проходящая через фильтр вода приближается к составу древних подземных вод, омывавших шунгит в течение многих миллионов лет.

Когда водопроводная вода проходит шунгитовый фильтр, недостающие примеси выходят в раствор, в то время как вещества, которых в подземных водах не было — тяжелые металлы, аммиак, избыточное, не усвояемое организмом железо — прочно связываются фильтром.

Очистка на водопроводных станциях

Несовершенство применяемых в России на коммунальных водопроводных станциях технологий водоочистки и снабжения населения водой делает чрезвычайно актуальным в настоящее время широкое внедрение в практику современных методов доочистки воды с использованием природных минеральных сорбентов (ПМС) шунгита из месторождений Карелии.

В модельных экспериментах показано, что в воде, содержащей такие химические загрязнители как тяжелые металлы, бор, фенол и бензол в концентрациях, в 10–50 раз превышающих ПДК, после обработки шунгитом в стационарных, либо динамических условиях на фильтровальных установках, содержание указанных веществ снижается ниже установленных нормативными документами уровней. При этом в воду не поступали какие-либо токсичные элементы из используемых в технологии сорбентов. Эксперименты по биотестированию на дафниях и водорослях подтвердили отсутствие токсичности у очищенной и кондиционированной воды.

Наблюдается высокая эффективность очистки воды шунгитом от микробного загрязнения: бактерий кишечной палочки, а также спор некоторых других микроорганизмов.

В результате обработки воды шунгитом улучшаются ее органолептические свойства: запах, цветность, мутность; нормализуется перманганатная окисляемость, что указывает на уменьшение содержания в воде органических веществ.

Указанные эффекты справедливы для разных образцов воды с различной жесткостью и цветностью. При добавлении в схему водоочистки к шунгиту других ПМС (кремень, доломит, глауконит) очищенная вода обогащается до физиологически оптимальных значений кальцием, магнием, кремнием, гидрокарбонатами.

Положительными моментами использования шунгита на коммунальных водопроводных станциях является наличие отечественной сырьевой базы, высокая эффективность устранения загрязнений из воды, кондиционирование воды (обогащение эссенциальными элементами), невысокая стоимость устройств и технологий, использующих ПМС по сравнению с мембранными и другими современными методами.

Очистка воды в колодцах и водоемах

Шунгит может загружаться в бытовые колодцы с целью очищения воды от бактериальных загрязнений, нитратов, нефтепродуктов, металлов и придания воде свойств в соответствии с требованиями санитарных правил к питьевой воде. Для этих целей хорошо подходит шунгит Зажогинского месторождения. Шунгит обладает способностью очищать воду практически от всех органических веществ (в т.ч. нефтепродуктов и пестицидов) от многих металлов и неметаллов, от бактерий и микроорганизмов.

Шунгит рекомендуется к практическому применению в качестве фильтрующего и сорбирующего материала в практике хозяйственно-питьевого водоснабжения: гигиеническое заключение для этих целей за №10.КЦ.31.216.-П.00064.02.99 от 04.02.99, выдано Центром Госсанэпиднадзора в Республике Карелия.

Шунгиты с содержанием углерода около 30% имеют суммарную пористость 5–10%, значительную внутреннюю поверхность (в диапазоне 10–30 м^2/г), насыпную плотность около 1,1 г/см^3, обладают высокой механической прочностью, электропроводностью, химической стойкостью, каталитическими и бактерицидными свойствами.

Эти свойства делают шунгиты привлекательным и перспективным материалом в процессах подготовки питьевой воды (как в проточных системах, так и в колодцах), в процессах фильтрационной и адсорбционной очистки сточных вод от органических и неорганических веществ, электровосстановления и электроосаждения ионов тяжелых металлов.

Отмечена адсорбция шунгитами ряда органических веществ различных классов: фенолов, жирных высокомолекулярных кислот, спиртов, веществ лингоуглеводного комплекса древесных и торфяных гидролизатов, водорастворимых смол гидролиза, гуминовых веществ и др., а также ряда газов.

Шунгит может быть использован в качестве сорбента для очистки вод от различных промзагрязнений, а также бытовых стоков, например, с помощью отстойников с засыпкой шунгита в качестве фильтров, различного типа пропускных систем как на начальных стадиях очистки, так и на конечных.

Перспективно применение шунгитовых фильтров взамен песка в процессе водоподготовки. При фильтровании через шунгитовый фильтр значительно снижается цветность воды, практически полностью убирается микрофлора. Шунгит взаимодействует с водой не только как фильтрующий материал и адсорбент. Он обладает каталитическими и катионообменными свойствами.

Благодаря каталитическим свойствам шунгит способен длительное время очищать воду от разного типа органических веществ (хлорорганики, ароматических углеводородов, алифатических спиртов и др.), разрушая органические вещества до элементарных оксидов (CO_2, H_2O) и осаждая (на 70–90%) из воды металлы в виде нерастворимых смесей (карбонатов, оксилатов и др.)

Эффективно использование шунгитов в качестве материала для насыпных электродов проточных электролизёров для осаждения тяжёлых металлов из промстоков гальванических производств и плавильных заводов и возврата их в производство.

Практические советы
по применению шунгита

Как отличить настоящий шунгит от подделки? Отличить подделку от оригинала на первый взгляд сложно даже специалисту. Тем не менее, существует очень простой способ отличия настоящего шунгита от подделки, а также от шунгитового сланца. Для этого используется свойство электропроводимости у шунгита. Электропроводимость, присущая шунгиту — это крайне редкое явление в каменных породах.

При приобретении шунгита достаточно иметь с собой обычную батарейку, лампочку от карманного фонаря и два провода. Соедините последовательно лампочку и батарейку, прикоснитесь двумя проводками к любому изделию из шунгита. У настоящего шунгита лампочка загорится, а у подделки — нет.

В домашних условиях каждый желающий может использовать при необходимости лечебные свойства шунгита. Наиболее простым способом использования шунгита в лечебных целях является поверхностное наложение промытого в воде шунгита непосредственно на болезненный участок кожи тела. Небольших размеров шунгит можно также носить в сжатой ладони руки. Это позволяет нормализовать общее состояние организма при перегрузках: эмоциональных, тепловых и т.п.

В целях более эффективного использования шунгита, например, для восстановления баланса энергии в теле, рассмотрим основные энергетические центры человека.

Энергетические центры человека

У каждого человека имеется семь основных участков или центров тела, где накапливаются, хранятся и в то же время непрерывно расходуются запасы его основной жизненной энергии (не путайте энергетические центры с чакрами). Из них три энергетических центра являются внутренними, т.е. находятся внутри тела человека и четыре внешних. Внутренние энергетические центры человека находятся внутри его тела. К ним относятся: нижний центр духовных сил, грудной энергетический центр и верхний энергетический центр. Внешние энергетические центры находятся по одному на каждой ладони и на ступнях ног. Блокировка или застой в движении энергии даже на одном из семи энергетических центров вызывает вначале ухудшение самочувствия, а затем может привести к физическому заболеванию.

Рассмотрим более подробно внутренние энергетические центры.

Нижний центр духовных сил человека располагается в центре нижней части живота, примерно 3,5–5 сантиметров ниже пупка. Нижний духовный центр отвечает за работоспособность всего физического тела человека и играет роль резервуара, в котором хранятся запасы энергии, питающей все тело человека. Когда нижний центр энергии заполнен, тогда восстанавливается общий энергетический баланс тела, укрепляется здоровье, человек проявляет больше терпения и настойчивости, возрастает уверенность в себе. Нижний центр духовных сил управляется неокортексом, или верхним слоем головного мозга, который, как известно, контролирует речь, память, аналитические, логические, различительные способности и другие сложные функции, присущие только человеческим существам.

Средний энергетический центр находится внутри грудной клетки. Он расположен точно по средине груди между сосками. Средний энергетический центр отвечает за управление эмоциональной энергией человека. При его устойчивой работе человек ощущает состояние мира и любви. Блокировка среднего энергетического центра, вызванная сильными негативными эмоциями или стрессом, оказывает негативное воздействие на нервную систему человека и приводит к различным заболеваниям. Средний энергетический центр управляется лимбической системой мозга, контролирующей различные эмоциональные реакции и моторные функции в теле человека.

Верхний энергетический центр находится между бровями в районе третьего глаза. Он тесно связан с духовным аспектом существования человека. Сильный верхний энергетический центр помогает человеку пробудить активность его духовного тела и ощутить свою связь со всей Вселенной. Ствол головного мозга человека, контролирующий основные жизненные функции — пищеварение, дыхание и кровообращение, воздействует на все три внутренних энергетических центра и связывает их воедино. Укрепив энергию своих трех внутренних духовных центров и научившись сознательно координировать работу всех трех слоев мозга, человек сможет достичь оптимального физического и эмоционального здоровья, повысить свои интеллектуальные способности и перейти на высший уровень своего сознания и духовности.

Наложение шунгита на участки тела

Накладывая шунгит непосредственно на свое тело в районе нижнего, среднего или верхнего энергетического центра вы тем самым укрепляете энергию своих внутренних духовных центров и нормализуете работоспособность головного мозга.

Выносливость своего организма вы можете повысить, накладывая шунгит на один из четырех внешних энергетических центров, расположенных в центральных частях ладоней и стоп ног.

При бессоннице положите шунгит под подушку в районе головы. Шунгит снимет спазмы сосудов головного мозга, расслабит ваше тело, и вы незаметно заснете.

При болях в коленных суставах на ночь закрепляйте на них кусочки шунгита, а на день закрепляйте шунгит на пояснице, в районе крестца. В этих целях можно также периодически стоять босыми ногами на шунгитовой крошке по 3–5 минут. После такой процедуры проходит боль в ногах у пожилых людей и у спортсменов от физических перегрузок.

Если вы считаете, что кто-то из ваших знакомых негативно воздействует на вас и может вызвать у вас «сглаз», тогда сделайте следующее. Перед встречей с такими людьми закрепите небольшой кусочек шунгита на своем теле, в районе солнечного сплетения. Вы удивитесь тому, как вам станет легко и комфортно в разговоре с «неудобным» человеком.

Если вы хотите (по своему глубокому желанию, а не по желанию ваших родственников и знакомых) избавиться от вредных привычек (курение, злоупотребление алкоголем и т.п.), то начните постоянно носить с собой кусочки шунгита (в карманах или закрепленными к телу). Проникнитесь верой в то, что шунгит вам помогает и тогда произойдет настоящее чудо. У вас пропадет тяга к вредным привычкам. Ибо, как доказано наукой, фуллерены шунгита нормализуют протекание нервных процессов в теле человека, положительно влияют на обмен нейромедиаторов, повышают работоспособность и устойчивость к стрессу.

Взяв в свои руки шунгит, помните, что организм каждого человека глубоко индивидуален. Прислушивайтесь к тонким ощущениям в теле при работе с шунгитом, и вы обязательно найдете свою, наиболее эффективную методику лечебного воздействия шунгита на ваше тело.

Настой воды в домашних условиях

Качественную питьевую воду можно приготовить дома, имея крошку или куски породы шунгита в виде щебенки из расчета один стакан щебенки шунгита на три литра воды. Возьмите чистую трехлитровую стеклянную банку, положите на дно шунгит и залейте сырой отстоянной или отфильтрованной водой. Настаивая воду на шунгите, не закрывайте крышку банки. Уже через полчаса вода начнет приобретать антибактериальные свойства, а окончательно обретет все целебные свойства через трое суток. Настоянную воду отлейте в другую емкость и используйте в течение трех дней. Не ставьте настоянную воду в холодильник. Освободившуюся трехлитровую банку с шунгитом наполните новой порцией питьевой воды. Срок использования крошки или щебенки шунгита составляет шесть месяцев. Далее щебенку целесообразно заменить на новую.

При использовании более крупных округлых шунгитовых камней для настоя воды, срок их применения не ограничен. Однако через каждые полгода следует наждачной бумагой немного зачистить всю поверхность шунгитового камня для активизации его поверхностного слоя.

Хотя употребление шунгитовой воды практически не имеет противопоказаний и применяется для профилактики многих заболеваний, прежде чем ее пить людям, имеющим многочисленные проблемы со здоровьем, целесообразно посоветоваться с врачом, знакомым с действием шунгита на организм человека.

Применяя шунгитовую воду в качестве питья и для приготовления пищи, можно дополнительно лечить болезни органов пищеварения, костно-мышечной системы, нервной системы, мочеполовой системы, болезни системы кровообращения.

Вода, настоянная на шунгите, имеет общее оздоравливающее и омолаживающее воздействие на организм. Шунгитовая вода очищает кожу лица, устраняет морщины на лице, удаляет раздражение кожи, зуд, сыпи, придает коже эластичность и упругость. Укрепляет волосяной покров, исчезает перхоть, появляется здоровый блеск волос.

Шунгитовая вода помогает избавиться от заболевания почек, печени, от желчекаменной болезни и изжоги. Шунгитовая вода эффективна при вегето-сосудистой дистонии, при заболевании желудочно-кишечного тракта, костно-мышечной системы, мочеполовой системы и системы кровообращения. Шунгитовая вода помогает избавиться от аллергического состояния и улучшает общий тонус организма. Ежедневное умывание шунгитовой водой разглаживает кожу, повышает ее эластичность, придает ей здоровый молодой вид. Эта простая процедура при регулярном ее проведении может помочь навсегда избавиться от угрей и воспалений, снимает шелушение, покраснения. Регулярное ополаскивание этой водой волос придает им блеск и шелковистость, а также заметно сокращает их выпадение, препятствует облысению, укрепляет корни, избавляет от перхоти.

Для того чтобы сделать компресс из шунгитовой воды, достаточно намочить марлю в шунгитовой воде и приложить ее на больное место на 1,5–2 часа. Компрессы помогают ускорить заживление ран, порезов, мозолей, ссадин, способствуют быстрому заживлению ожогов. При помощи таких компрессов излечиваются артриты, артрозы, варикозное расширение вен.

В качестве полоскания достаточно использовать слегка подогретую, но не кипяченную воду, настоянную на шунгите в течение трех суток. Такие полоскания полезны при заболеваниях горла, простуде, воспалении десен, стоматите, тонзиллите.

Улучшение качества воды в колодце

Вариант 1. Имея свой колодец, достаточно погрузить в него 30–60 кг шунгитового щебня с целью очищения воды от бактериальных загрязнений, нитратов, нефтепродуктов и придания воде активных свойств.

Вариант 2. Для более качественной и долговременной очистки воды применяется более сложная технология.

В качестве засыпки в колодец может применяться шунгит ШПС 5.0–15.0. При засыпке шунгита в колодец происходит сорбция (удаление) тяжелых металлов (главным образом железа), различных органических и неорганических примесей удаление вирусов и мути. Шунгит проводит также частичную минерализацию воды, что необходимо при потреблении ее в пищевых целях. Эффективность шунгита по сравнению с песком и другими аналогичными сорбентами увеличивается в десятки раз. Фильтрационный цикл подложки увеличивается примерно в 10 раз.

Рекомендуемая высота загрузки из шунгита составляет от 20 до 50 см, что для колодца с диаметром кольца 1 м составляет от 200 до 500 кг шунгита.

Перед засыпкой шунгита в колодец целесообразно откачать из него воду и удалить предыдущую песчанно-гравийную подложку. Таким образом, будут удалены сконцентрированные в ней загрязнения. Засыпать новую песчанно-гравийную подложку. На нее ровным слоем высыпать шунгит. Вода, поступающая в колодец, будет проходить стадию предфильтрации на песчанно-гравийной прослойке, чтобы потом пройти более тонкую очистку от взвеси, тяжелых металлов и органических и неорганических примесей на шунгите. В результате использования шунгита вода в колодце станет намного прозрачнее, будет происходить ее обеззараживание и удаление железа и мути. Благодаря фуллереновой основе шунгита, в результате настаивания на нем воды в колодце, ей будут передаваться полезные (лечебные) свойства этого природного минерала.

Сферы использования шунгита

Сегодня уже около двух миллионов людей в России применяют в повседневной практике шунгит и шунгитовые изделия. Шунгит начинает уверенно внедряться практически во все основные направления деятельности человека. Рассмотрим кратко основные сферы применения шунгита.

Строительные материалы

1. Радиоэкранирующие строительные материалы (бетон, кирпич, штукатурные и кладочные растворы, сухие смеси, гипс).

2. Черный пигмент для красок на любой основе (водной, масляной, полимерной).

3. Черный пигмент для строительных материалов (бетона, силикатного кирпича, штукатурных и кладочных растворов).

4. Наполнитель электропроводного бетона, основной компонент электропроводного силикатного кирпича, электропроводный кладочный и штукатурный растворы, электропроводные краски, электропроводные асфальты.

Особое свойство шунгита состоит в том, что его порода не магнитная, но электропроводная. На сегодня промышленностью уже освоены материалы из шунгита, экранирующие электромагнитные излучения высоких и сверхвысоких частот. Стоимость стройматериалов на основе шунгита (цемент, кирпич и т.д.) в 3–4 раза выше обычной, однако их уникальные качества стоят таких затрат. Строительные материалы на основе шунгита могут применяться в индивидуальном строительстве, при строительстве помещений, требующих защиты конфиденциальной информации. И в обычных помещениях можно получить экранирующий эффект за счет оштукатуривания поверхностей либо с использованием специальных шунгитовых пластин.

Шунгитовая краска

Шунгитовая краска (краска с шунгитовым наполнителем) может использоваться для создания нагревателей различных площадей, объёмов и мощностей, антистатических и заземляющих поверхностей. Выбор цели применения шунгитовых нагревателей, как и их конструкция (материалы, размеры, степень диэлектрической защиты), могут зависеть от возможностей и желаний потребителя.

Шунгитовая краска нетоксична, экологически безопасна, пожаро- и взрывобезопасна, при нагреве не выделяет никаких вредных веществ, при попадании на кожу человека легко смывается водой, не нанося никаких побочных эффектов. При неоднократных циклах замораживания и оттаивания краска сохраняет свои свойства.

Электропроводящие поверхности на основе шунгитовой краски могут быть использованы для создания:

• тёплых полов и стен;
• переносных обогревателей;
• обогревателей локального объёма (обогрев приборов в зимнее время, ящики с подогревом для хранения овощей, аквариумы с подогревом дна и т.д.);
• электрокаминов кирпичных любой конфигурации, с нанесённой на кирпич краской;
• антистатических и заземляющих поверхностей в помещениях и на корпусах различного оборудования.

Электропроводные шунгитовые асфальты могут быть использованы как для обогрева производственных (складских) помещений, так и для создания не покрывающихся льдом площадок на улицах.

Экология

1. Очистка промышленных и бытовых стоков.
2. Очистка водных бассейнов.
3. Защита человека от электромагнитных излучений.
4. Очистка воздуха в помещениях.
5. Нейтрализация излучений геопатогенных зон.
6. Нейтрализация излучений бытовых приборов.

Сельское хозяйство

1. Удобрение в агрономии. Шунгит (доломитовое удобрение) понижает кислотность почвы и способствует сохранению влажности в почве в 2–2,5 раза дольше, чем на участках без шунгита, оказывает положительное влияние на продуктивность картофеля. По влиянию на урожай и качество смеси шунгит (доломитовое удобрение) не уступает полному минеральному удобрению. Оно в большей степени, чем полное минеральное удобрение, повышает содержание фосфора и кальция в растительной массе и увеличивает общий сбор протеина. Применение шунгита способствует повышению продуктивности картофеля на 70% и повышению устойчивости клубней к различным болезням.

2. Кормовая биологически активная добавка в звероводстве, птицеводстве, свиноводстве, выращивании крупного рогатого скота.

3. Лекарства в ветеринарии.

4. Контактная среда, увеличивающая сроки хранения овощей.

Химическая промышленность

1. Активный наполнитель резин, пластмасс, красок, замазок, паст.

2. Химически стойкая футеровка днища алюминиевых электролизеров.

3. Катализатор в процессах органического синтеза.

Металлургия

1. Заменитель кокса при производстве литейного чугуна и в доменных печах (при выплавке передельного чугуна).

2. Комплексный заменитель кокса и кварцита в электрометаллургии ферросплавов и в электрометаллургии цветных металлов (Ni, Cu, Co).

3. Заменитель кокса в желобных массах.

Металлургический карбид кремния — перспективный и эффективный материал. В целом экономический эффект от производства карбида кремния из шунгитов складывается из следующих статей:

- снижения стоимости сырья при замене кокса и кварцита шунгитом;
- исключение операций и, соответственно, участков по подготовке (дроблению и усреднению) сырьевой шихты;
- снижения температуры процесса синтеза карбида кремния из шунгитов;
- перехода на новую менее энерго- и трудозатратную технологию производства карбида кремния в непрерывных печах;
- исключение операций и, соответственно, участков по помолу карбида кремния с целью получения тонких порошков для формования изделий.
- Применение шунгита позволяет снизить затраты на производство карбидокремниевых порошков на 35–40% и создает высокую конкурентоспособность карбида кремния из шунгитов на внутреннем и внешнем рынке России. Также шунгитовые породы являются эффективным сырьем в производстве литейного чугуна, ферросплавов, в процессе удаления жидких шлаков из нагревательных колодцев и при выплавке элементарного фосфора.

4. Шихта для производства карбидокремниевых материалов.

5. Шихта для производства нитридокремниевых материалов.

Шунгитовая терапия

1. Лечебная (марциальная) вода.

2. Настой шунгитовый для наружного применения.

3. Шунгитовые ванны (нормализация артериального давления).

4. Шунгитовые пасты (лечение суставов).

5. Шунгитовые диски, пластинки (при контакте — эффект обезболивания).

6. Шунгитовые комнаты, гроты, полы, панно, пирамидки, ювелирные изделия (нормализация состояния организма человека).

Шунгиты в водоочистке

Шунгит является эффективным материалом для водоочистки и водоподготовки. По физико-механическим свойствам (прочности, износу, объемной плотности) шунгит близок к традиционно используемому фильтрующему материалу — кварцевому песку. Шунгит обладает сорбционной способностью к широкому ряду органических веществ (ПАВ, спирты, смолы, пестициды, нефтепродукты и т.д.). Шунгит проявляет специфическую активность в устранении из воды частиц радикальной природы (хлорорганики, диоксинов), превосходя в этом активированный уголь в 30 раз. Шунгит проявляет способность обеззараживать и очищать воду от бактерий, спор, простейших микроорганизмов, сине-зеленых водорослей. Шунгит обладает способностью сообщать воде биологическую активность и лечебные свойства. Шунгит обладает каталитическими свойствами, ускоряющими окисление сорбируемых органических веществ.

Шунгит может быть использован в водоочистке при:
- подготовке питьевой воды для пищевых предприятий и производств);
- очистке и обеззараживании воды в колодцах;
- очистке воды скважин;
- подготовке воды бассейнов;
- подготовке воды ТЭЦ;
- подготовке воды косметических производств;
- очистке ливневых и промышленных стоков;
- очистке воды замкнутых оборотов;
- производстве пористых минерально-полимерных композитов.

Шунгитовые фильтры домашней воды

В1991 году из шунгита начали делать фильтры для очистки воды. Результаты были ошеломляющими. Хронические гастриты, язва желудка, камни в почках, пародонтоз, различного рода аллергии — все это после приема очищенной воды стало излечиваться у многих и многих людей

Шунгитовый фильтр изготовляется из естественных минералов: шунгита и цеолита. Именно они очищают воду и наделяют ее целебными свойствами. Шунгит обеззараживает воду от кишечной палочки, очищает от органических загрязнителей. Цеолит поглощает неорганические загрязнители и насыщает воду микроэлементами.

Последние исследования Комиссии по экологической безопасности США показали, что в странах, где воду хлорируют, категорически нельзя применять фильтры с активным углем в качестве сорбента. В России водопроводная вода хлорируется, а большинство фильтров, которые мы покупаем — угольные. Такие приборы выделяют в воду пыль активированного угля, на котором могут находятся частицы хлора, поглощенного из воды. Даже мельчайших частиц хлора достаточно, чтобы при кипячении образовался диоксин. Это страшнейший яд, действующий на генетическом уровне. При использовании же шунгитовых фильтров, вы можете не бояться получить диоксин в чашке чая.

Еще одно выгодное отличие шунгитовых фильтров от других типов очистителей — долговечность. Фильтрующую засыпку достаточно промыть один раз в год в растворе уксусной кислоты или питьевой соды, и фильтр готов к дальнейшему использованию. При этом своих уникальных качеств он не теряет. Шунгитовые фильтры уверенно входят в нашу жизнь. Шунгит в доме — это неиссякаемый источник минеральной воды. Шунгит в саду — это чистый родник. С шунгитом всегда в вашем распоряжении будет вода, которой без опаски можно мыть лицо и волосы, купать маленьких детей, не боясь, что на их нежной коже появится аллергическая реакция на вредные вещества, которые могут быть в водопроводной воде. Даже если вода в корпусе шунгитового фильтра простояла ночь или несколько дней, можно не бояться накопления вредных бактерий. Напротив, вода становится более целебной.

Вода, пропущенная через шунгитовый фильтр, оказывает общее оздоравливающее и омолаживающее воздействие на организм, удаляет раздражение, зуд, сыпи. Эффективно использование такой воды и при вегето-сосудистой дистонии, при заболеваниях желудочно-кишечного тракта, камнях в почках.

Человек примерно на 70 % состоит из воды. Кора больших полушарий головного мозга человека содержит уже около 85 % воды, а кровь — не менее 80 %. Задумайтесь на мгновение, какой водой мы наполняем ежедневно свой организм. А теперь представьте себе, насколько будет легче работать вашему организму, если вы будете регулярно употреблять воду, очищенную шунгитом.

В 1993 году в детском специализированном аллергологическом санатории «Чайка» очищенную шунгитовыми фильтрами воду использовали для приготовления пищи, отваров, ингаляционной терапии. Через некоторое время у малышей, страдающих бронхиальной астмой, пищевой аллергией, гастритами и энтероколитами, было отмечено улучшение. Впоследствии в санатории достигли стопроцентной излечиваемости астмы у детей, которые для ингаляций использовали шунгитовую воду высокой концентрации. Вода из-под шунгитовых фильтров предупреждает инфекционные заболевания и гепатиты. В детском санатории с тех пор, как там стали использовать шунгитовые фильтры, не было зарегистрировано ни одного случая подобных инфекций. Положительные отзывы о свойствах шунгитовой воды получены из многих медицинских учреждений России. Причем, воду там употребляли не только внутрь. Оказалось, что шунгитовые ванны и обливание шунгитовой водой благотворно сказываются на состоянии кожи и волос человека. Следует отметить, что воду из-под фильтров во всех случаях ее применения для питья, приготовления пищи и отваров кипятили. Отсюда можно сделать вывод, что основные целебные свойства шунгитовой воды после кипячения сохраняются. Хотя не кипяченная вода вкуснее и приятнее на вкус.

Шунгитовые фильтры проходили испытания в различных лабораторных и клинических условиях. Заключения клинических учреждений Санкт-Петербурга — 1-го медицинского института, центра новых методов лечения, детского диагностического центра и других свидетельствуют: применение воды, очищенной с помощью бытового шунгитового фильтра, вызывает благоприятный эффект при комплексном лечении больных хроническим холециститом, способствует выведению камней при мочекаменной болезни, излечивает аллергию и экземы, улучшает состояние астматиков и сердечников, улучшает работу желудочно-кишечного тракта и печени.

Энергетика

В энергетике шунгит применяется для изготовление нагревателей инфракрасного излучения малой удельной мощности для обогрева помещений, локальных объемов, сушилок овощей. Шунгит используется в качестве тепловых аккумуляторов.

Защита от электромагнитного смога

Шунгит является исключительным материалом для защиты от электромагнитного смога, создаваемого электромагнитными полями различной природы — техногенными высоких и сверхвысоких частот, геопатогенными, биогенными, ЭМИ солнца.

Эксперименты, выполненные в радиоэкранированных шунгитом помещениях, свидетельствуют не только о снижении уровня электромагнитного излучения, но и об ускорении лечения от разных заболеваний и способности восстановления психофизиологического состояния человека после стрессов, а также физических и трудовых нагрузок.

Экранирование шунгитом помещений может быть выполнено достаточно просто и с невысокими материальными затратами. Для этого можно использовать шунгитовые засыпки, сухие строительные (магнезиально-шунгитовые) смеси, гипсовые перегородки и др.

Литература

1. Друбецкая Л.А. Царь — Камень — Шунгит. – Роса, М., 2008 г.

2. Корзунова А.Н. Шунгит. Минерал творит чудеса. – Эксмо, М., 2005 г.

3. Орлов А.Д. Шунгит — камень чистой воды. – «ДИЛЯ», Санкт-Петербург, 2004 г.

4. Полевая М.А. Шунгит — волшебный камень здоровья. – ИГ «Весь», М., 2004 г.

Для связи с автором:

Сайт: http://g-kibardin.narod.ru
По электронной почте: genadi.06@mail.ru
По сотовой связи: 8-903-506-40-99

Содержание

Немного истории 3

Состав шунгита 6

Молекулы фуллерена в шунгите 8

Лечебные свойства фуллеренов 12

Свойства шунгита 15

Шунгитовые комнаты 21

Больничные палаты
с магнезиально-шунгитовым покрытием 22

Очистка воды шунгитом 23

    Структурирование питьевой воды................................ 24

    Очистка воды от тяжелых металлов 25

    Очистка на водопроводных станциях 27

Очистка воды в колодцах и водоемах 29

Практические советы по применению шунгита 30

    Энергетические центры человека.................................. 31

    Наложение шунгита на участки тела 33

    Настой воды в домашних условиях.............................. 34

    Улучшение качества воды в колодце 36

Сферы использования шунгита 37

    Строительные материалы 37

    Шунгитовая краска 38

    Экология 38

    Сельское хозяйство 39

    Химическая промышленность 39

    Металлургия 39

    Шунгитовая терапия 40

    Шунгиты в водоочистке 41

    Шунгитовые фильтры домашней воды 42

    Энергетика 44

    Защита от электромагнитного смога 44

    Литература 45

РОЗНИЧНЫЙ МАГАЗИН:
м. Красносельская (или Комсомольская),
ул. Краснопрудная, 22 а, стр. 1   **тел. 8 (499) 264-13-60**

В магазине представлено более 5000 наименований литературы ПО ЦЕНАМ ИЗДАТЕЛЕЙ и по тематике нашего издательства — эзотерика, теософия, философия, восточные методики и практики совершенствования, традиционная и нетрадиционная медицина, астрология, мировые религии и течения, а также аудио-видео и сувенирная продукция. Для членов клуба — постоянно действующие скидки, книги по предварительному заказу, встречи с интересными авторами.

Розничная и оптовая продажа:
<u>Книжная ярмарка</u>:   м. Пр. Мира, СК «Олимпийский»,
1 этаж, место 13   тел. 8 (926) 729-74-93

Вы можете заказать книги на нашем сайте:
www.amrita-rus.ru,   info@amrita-rus.ru
или по тел. **8 (499) 264-73-70**
Книга почтой: 107140, Москва, а/я 38
По заявке оптовиков делается электронная
рассылка полного книжного каталога.

Научно-популярное издание

Серия «Тайны вашего здоровья»

Кибардин Г.М.

Шунгит
и его целебные свойства

Подписано в печать 12.04.10.
Формат 84х108/32. Усл. п. л. 2,5.
Тираж 10000 экз. Заказ № О-440.

ООО «Амрита»
109153, Москва, ул. Моршанская, д. 3, корп. 1
тел./факс (499) 264-0589, тел. (499) 264-0581
e-mail: info@amrita-rus.ru   www.amrita-rus.ru
Книга почтой: 107140, Москва, а/я 38
тел. 8 (499) 264-73-70

Розничный магазин:

ул. Краснопрудная, 22а, стр. 1.   Тел.: 8 (499) 264-13-60

Отпечатано в полном соответствии с качеством
предоставленного электронного оригинал-макета
в типографии филиала ОАО «ТАТМЕДИА» «ПИК «Идел-Пресс».
420066, г. Казань, ул. Декабристов, 2.
E-mail: idelpress@mail.ru